11 décembre 1852

CATALOGUE
D'UNE COLLECTION DE
TABLEAUX
ANCIENS ET MODERNES,
des diverses Écoles,
DE MEUBLES ANCIENS EN BOIS SCULPTÉ,
ET
OBJETS DE CURIOSITÉS,

Tapisseries anciennes, Tapisseries de Beauvais,
Groupes, Bustes et Statuettes en Marbre, Bronze, Ivoire, Bois,
Terre cuite et Biscuit,
Vitraux anciens, Verrerie de Bohême et de Venise,
Belles Armes anciennes,
Porcelaines de Chine, du Japon, de Saxe, de Sèvres, de Chantilly
Faïences italiennes de Faënza, d'Urbino, etc.,
Faïences anciennes, de Rouen, de Nevers, etc.,

DONT LA VENTE AURA LIEU

Les Samedi 11, Lundi 13, Mardi 14 Décembre 1852,
A UNE HEURE PRÉCISE,
EN L'HOTEL DES VENTES MOBILIÈRES,
RUE DROUOT,
Grande Salle des Objets d'Art, au premier étage, n. 1,

Par le ministère de **M° PETIT**, Commissaire-Priseur,
demeurant à Paris, rue de la Grange-Batelière, 10.
Assisté de **M. FERDINAND LANEUVILLE**, Expert,
demeurant à Paris, rue Neuve-des-Mathurins, 73,
Et de **M. MANNHEIM**, Expert, demeurant à Paris,
rue de la Paix 10,

Chez lesquels se distribue le présent Catalogue.

Exemplaire de Beurdeley frère.

Exposition Publique
Le Vendredi 10 Décembre 1852, de midi à 4 heures.

Avertissement.

La plupart des Tableaux composant cette jolie Collection sont signés. Nous n'avons donné de nom aux Ouvrages qui n'ont pas de signature qu'autant que ces Ouvrages nous ont paru porter d'une manière certaine le cachet du maître. Cependant, si quelques erreurs avaient été faites dans les attributions, nous prions Messieurs les Amateurs de vouloir bien les rectifier.

Ordre des Vacations.

Dans la Vacation du Samedi 11 décembre, on vendra les TABLEAUX et GRAVURES.

Dans les Vacations du Lundi 13 et du Mardi 14, on vendra les MEUBLES et les CURIOSITÉS.

Conditions de la Vente.

Elle sera faite au comptant.

Les Acquéreurs paieront cinq pour cent en sus de leurs adjudications.

Imp. de Mme de Lacombe, rue d'Enghien, 14.

DÉSIGNATION
DES TABLEAUX.

PREMIÈRE PARTIE.

TABLEAUX ET GRAVURES.

BALEN (Van) et BREUGHEL.

1 — Le Baptême du Christ.

    Hauteur, 0, 67, Largeur, 0, 50. — Bois.

BASSAN.

2 — L'Adoration des Bergers.

    Hauteur, 0, 54, Largeur, 0, 79. — Toile.

BEGA (Cornille).

3 — Intérieur rustique.

    Hauteur, 0, 20, Largeur, 0, 32. — Bois.

BERGHEM (Nicolas).

4 — Un Paysage fond montagneux. Sur le premier plan, un pâtre assis et son troupeau.

Ce tableau, d'une exécution très fine, est signé N. Berchem, 1665.

Hauteur, 0, 64. Largeur, 0, 52. — Toile.

BOILLY (père).

5 — Une Jeune Femme assise à une fenêtre, et tenant son enfant dans ses bras.

Hauteur, 0, 39. Largeur, 0, 31. — Bois.

BOUCHER (Attribué à).

6 — La Toilette de Vénus.

Hauteur, 0, 98. Largeur, 1 m. 12. — Toile.

7 — Pâtre contant fleurette à une Bergère.

Hauteur, 0, 30. Largeur, 0, 22. — Toile.

BOURGUIGNON.

8 — Une Bataille sous les murs d'une ville.

Hauteur, 0, 95. Largeur, 1 m. 30. — Toile.

BRAUWER (Attribué à).

9 — Intérieur d'un Cabaret. Composition d'un grand nombre de figures.

Hauteur, 0, 61. Largeur, 0, 80. — Toile.

BREDEL

10 — Choc de cavalerie.

Hauteur, 0, 31. Largeur, 0, 39. — Bois.

11 — Même sujet.

Hauteur, 0, 59. Largeur, 0, 66. — Toile.

BRIL (PAUL)

12 — Intérieur de Forêt.

Hauteur, 0, 32. Largeur, 0, 35. — Bois.

BRUANDET

13 — Un Paysage (Effet de lune). Sur le premier plan, deux pâtres se chauffent à un grand feu.

Hauteur, 0, 23. Largeur, 0, 31. — Toile.

CARRACHE

14 — Un Moine en prières, tenant un crucifix. Devant lui est posée une tête de mort.

Hauteur, 0, 30. Largeur, 0, 40. — Toile.

CASTAGNO (ANDREA DEL)

15 — La Cène.

Hauteur, 0, 59. Largeur, 0, 63. — Bois.

CHARDIN

16 — Un Jeune Homme vu à mi-corps, et cherchant des dessins dans un carton.

Hauteur, 0, 91. — Largeur, 0, 71. — Toile.

COYPEL.

17 — Loth et ses Filles.

Hauteur, 0, 40. Largeur, 0, 32. — TOILE.

18 — Les Fils de Noé.

Hauteur, 0, 40. Largeur, 0, 32. — TOILE.

Ces deux tableaux forment pendants.

DAVID (Louis).

19 — Portrait de la Blanchisseuse de David.

Hauteur, 0, 58. Largeur, 0, 42. — TOILE.

Ce tableau est signé L. D.

DELACROIX.

20 — Deux Marines : le Soir et le Matin.

Hauteur, 0, 23. Largeur, 0, 31. — CUIVRE.

Ces deux Tableaux sont signés, et forment pendants.

DIAZ.

21 — Femmes d'Alger.

Hauteur, 0, 45. Largeur, 0, 37. — TOILE.

22 — Une Fuite dans le Désert.

Hauteur, 0, 34. Largeur, 0, 55. — TOILE.

23 — Jeune Femme tenant un Enfant sur ses genoux.

Hauteur, 0, 23. Largeur, 0, 18. — TOILE.

DIETRICK.

24 — Repos de Voyageurs.
> Hauteur, 0, 26. Largeur, 0, 23. — Bois.

25 — Un Pâtre conduisant un Troupeau.
> Hauteur, 0, 61. Largeur, 0, 50. — Toile.

DUPRESSOIR.

26 — Le Banquet des Clans. Vue d'Écosse.
> Hauteur, 0, 80. Largeur, 1 m. 11. — Toile.

27 — Le Combat. Vue d'Écosse.
> Hauteur, 0, 80. Largeur, 1 m. 11. — Toile.

Ces deux tableaux font pendants.

DUPLESSIS.

28 — Portrait de Louis XVI.
> Hauteur, 0, 63. Largeur, 0, 52. — Toile.

DYCK (Van).

29 — Une Tête de Femme, les yeux en pleurs.
> Hauteur, 0, 39. Largeur, 0, 33. — Bois.

30 — La Mise au Tombeau. Le Christ soutenu par les saintes femmes.
> Hauteur, 0, 79. Largeur, 0, 62. — Toile.

31 — Le Christ en croix. La Madeleine est agenouillée au bas de la croix.
> Hauteur, 0, 63. Largeur, 0, 49. — Bois.

ÉCOLE ALLEMANDE.

32 — Esther prosternée devant Assuérus.

Hauteur, 0, 80. Largeur, 0, 63. — Toile.

ÉCOLE ESPAGNOLE.

33 — Une Vierge les yeux levés au ciel.

Hauteur, 0, 27. Largeur, 0, 21. — Toile.

34 — Portrait d'une Femme richement vêtue. La main droite est appuyée sur une chaise.

Hauteur, 1 m. 64. Largeur, 1 m. 5. — Toile.

35 — Saint Michel terrassant le Démon.

Hauteur, 0, 37. Largeur, 0, 20. — Toile.

ÉCOLE FLAMANDE.

36 — Bacchanale. (Signé B.).

Hauteur, 0, 30. Largeur, 0, 37. — Bois.

37 — Même sujet. (Signé B.)

Hauteur, 0, 30. Largeur, 0, 37. — Bois.

Ces deux tableaux font pendants.

38 — La Madeleine en prière.

Hauteur, 0, 40. Largeur, 0, 30. — Cuivre.

39 — Portrait d'homme. Il est assis à une table chargée de livres.

Hauteur, 0, 23. Largeur, 0, 18. — Toile.

40 — La Vierge tenant l'Enfant-Jésus. Forme ovale. (Cuivre.)

41 — Sainte Anne instruisant la Vierge. Forme ovale. (Cuivre.)

42 — Le Père-Éternel tenant en main le globe surmonté d'une croix. Forme ovale. (Cuivre.)

ÉCOLE FRANÇAISE.

43 — Jeune Fille sortant du bain.
Hauteur, 0, 18. Largeur, 0, 13. — TOILE.

44 Une Femme étendue sur un lit. Esquisse.
Hauteur, 0, 35. Largeur, 0, 40. — TOILE.

45 Un Portrait de Femme en costume Louis XV.
Hauteur, 0, 91. Largeur, 0, 73. — TOILE.

46 — Tête de Jeune Fille les cheveux poudrés.
Hauteur, 0, 55. Largeur, 0, 46. — TOILE.

47 — Femme couchée tenant une rose à la main. Pastel ancien.

48 — Portrait d'Homme tenant son chapeau sous le bras. Pastel ancien.

49 — Portrait de Femme tenant un chat. Pastel ancien.

50 — Portrait de Femme entourée d'une mantille noire. Pastel ancien.

51 — Portrait d'une Femme entourée d'une peau de tigre. Pastel ancien.

52 — Portrait de Femme en costume de bal. Pastel moderne.

53 — Portrait de femme en costume de paysanne. Pastel moderne.

54 — Portrait de Femme en bergère. Pastel moderne.

55 — Portrait de Femme coiffée d'un chapeau de paille. Pastel moderne.

56 — Jeune Fille tenant une rose à la main. Pastel moderne.

57 — Jeune Paysanne tenant un panier d'œufs. Pastel moderne.

58 — Portrait de Femme la poitrine découverte. Pastel moderne.

ÉCOLE HOLLANDAISE.

59 — Un Marché aux poissons.

Hauteur, 0,60, Largeur, 0,79. — TOILE.

ÉCOLE ITALIENNE.

60 — Dix petits Portraits d'Hommes et de Femmes, forme ovale. Pourront être vendus séparément.

61 — Sainte Famille.

Hauteur, 0, 52. Largeur, 1 m. 10, — TOILE.

62 — Le Perruquier et son Apprenti.

Hauteur, 1 m. 02. Largeur, 0, 85. — TOILE.

FRAGONARD.

63 — Un Enfant tenant une sarbacane.

Hauteur, 0, 25. Largeur, 0, 27. — BOIS.

FRANCK.

64 — Jésus portant sa croix.

Hauteur, 0, 28. Largeur, 0, 35. — BOIS.

Ce tableau est signé D.-J. Francken.

GIBERT.

65 — Adieux au monde.

Hauteur, 0, 39. Largeur, 0, 31. — TOILE.

66 — Jeune Fille puisant de l'eau.

Hauteur, 0, 74. Largeur, 0, 61. — TOILE.

67 — Episode de la retraite de Russie.

Hauteur, 1 m. 12. Largeur, 1 m. 30. — TOILE.

GOETHALS.

68 — Vue du Mont Saint-Michel, marée haute.

        Hauteur, 0, 43. Largeur, 0, 55. — Bois.

69 — Combat naval. (Signé).

        Hauteur, 0, 43. Largeur, 0, 55. — Bois.

GRYFF.

70 — Le Paradis terrestre. — Sur le premier plan, divers animaux. — Au fond Adam et Eve.

        Hauteur, 0, 22. Largeur, 0, 29. — Bois.

Ce tableau est signé A. Gryff.

GUIDE.

71 — Une Madeleine, les yeux levés au ciel, la main sur le sein, retient les cheveux tombants.

        Hauteur, 0, 65. Largeur, 0, 53. — Toile.

HEEM (DE).

72 — Nature morte.

        Hauteur, 0, 44. Largeur, 0, 34. — Toile.

INCONNU

73 — Tarquin et Lucrèce.

        Hauteur, 0, 44. Largeur, 0, 32. — Bois.

74 — L'Ange Gabriel. Miniature.

75 — Un Savant vêtu d'une longue robe et coiffé d'un bonnet en fourrure. Signé R. B., genre Rembrandt.

Hauteur, 0,50. Largeur, 0, 36. — Bois.

76 — L'Éducation de la Vierge.

Hauteur, 0, 34. Largeur, 0, 26.

LAFONTAINE.

77 — Intérieur d'Église.

Hauteur, 0, 30. Largeur, 0, 41. — Bois.

LECLERC (des Gobelins).

78 — Un Homme à genoux offre des fleurs à deux Femmes assises devant un piédestal. Derrière ce piédestal, on aperçoit un jaloux tirant son épée.

Hauteur, 0, 26. Largeur, 0, 22. — Bois.

79 — Diane et Calisto.

Hauteur, 0, 70. Largeur, 0, 87. — Toile.

LINGELBACH et MOUCHERON.

80 — Un grand Paysage baigné par une Rivière que des paysans traversent avec leurs bestiaux. Sur le premier plan, une fontaine en ruines.

Hauteur, 0,68. Largeur, 0,98. — Toile.

LOUTHERBOURG.

81 — Départ pour le Marché. Un grand nombre de figures et d'animaux animent le paysage.

Hauteur, 0,49. Largeur, 0,78. — TOILE.

MARTIN.

82 — Choc de Cavalerie. Signé P. M.

Hauteur, 0,57. Largeur, 0,82. — TOILE.

MEER (VAN DER).

83 — Ville au bord d'une Rivière, avec de nombreuses figures de patineurs.

Hauteur, 0,30. Largeur, 0,43. — TOILE.

MEULEN (VAN DER) (École de).

84 — Gardes Françaises.

Hauteur, 0,73. Largeur, 1 m. 10. — TOILE.

MICHEL et SWEBACH DEFONTAINE.

85 — Paysage. Un Convoi se rendant à un camp retranché ; dans le fond, on aperçoit une plaine immense et le camp.

Hauteur, 0, 56. Largeur, 0, 78. — BOIS.

Cet ouvrage est signé : Swebach Defontaine et G. Michel, 1797.

MIRVELT.

86 — Portrait d'Homme. Cuivre. (Signé Mirvelt).

OSTADE (D'après).

87 — Fête villageoise.

Hauteur 0, 26. Largeur, 0, 31. — BOIS.

PALAMEDE.

88 — Le Déjeuner d'huîtres.

Hauteur, 0, 46. Largeur, 0, 69. — TOILE.

89 — Conversation galante.

Hauteur, 0, 42. Largeur, 0, 33. — TOILE.

90 — Un Cavalier et une Dame.

Hauteur, 0, 25. Largeur, 0, 23. — TOILE.

PARANT.

91 — Portrait de l'impératrice Joséphine. Dessin à l'estompe, rehaussé de blanc.

Signé : C. PARANT, 1819.

Parant était professeur de dessin de l'Impératrice.

PAU DE SAINT-MARTIN (PÈRE).

92 — Un Moulin à Eau. Sur le devant, un pâtre conduisant un troupeau de vaches.

Hauteur, 0, 63. Largeur, 0, 79. — TOILE.

93 — Une Ferme. Sur le devant diverses figures.

Hauteur, 0, 63. Largeur, 0, 79. — Toile.

Ces deux tableaux font pendants et sont signés.

POELENBOURG (Corneille).

94 — Sujet mythologique.

Hauteur, 0, 30. Largeur, 0, 42. — Bois.

POUSSIN.

95 — L'Adoration du Veau d'or.

Hauteur, 0, 25. Largeur, 0, 48. — Gouache.

96 — Jésus-Christ donnant la bénédiction à un moine agenouillé devant lui et soutenu par un ange. A côté du Christ, se trouve la Vierge.

Hauteur, 0, 44. Largeur, 0, 35. — Toile.

RAOUX.

97 — Portrait de Femme, coiffée d'un petit chapeau orné de fleurs.

Hauteur, 0, 45. Largeur, 0, 35. — Toile.

REMBRANDT.

98 — Portrait d'Homme portant toute sa barbe. Il est vêtu de noir et est coiffé d'un large chapeau.

Ce portrait, très-beau d'exécution, porte à

gauche Æ 44, et à droite la signature R. f. 1637.

Hauteur, 0, 74. Largeur, 0, 59. (Forme ovale.) — Bois.

Cadre très richement sculpté.

99 — Portrait de la Femme de Rembrandt.

Elle est coiffée d'un berret rouge à plumes, et vêtue d'une robe brune et d'un manteau à fourrures.

Les mains sont croisées l'une sur l'autre, et de la droite, elle tient une fleur.

Hauteur, 1 m. 21. Largeur, 1 m. 02. — Toile.

REMBRANDT (D'après).

100 — Saint Jean. — Copie du tableau du Musée.

Hauteur, 0, 91. Largeur, 0, 72. — Toile.

RIBERA

101 — Jésus et les Disciples d'Emmaüs.

Hauteur, 1 m. 20. Largeur, 1 m. 60. — Toile.

RIBERA (Attribué à).

102 — Un homme vu à mi-corps et tenant un livre.

Hauteur, 0, 62. Largeur, 0, 43. — Toile.

103 — Un Saint tenant un livre.

Hauteur, 0, 62. Largeur, 0, 43. — Toile.

ROBERT (Hubert).

104 — Monument d'Italie.

Hauteur, 1 m. 09. Largeur, 0, 06. — Toile.

ROTTENHAMER.

105 — Diane et Calisto.

Hauteur, 0, 27. Largeur, 0, 35. — Bois.

SALVATOR ROSA.

106 — Un Martyre. — Esquisse.

Hauteur, 0, 98. Largeur, 0, 58. — Toile.

107 — Le Christ en croix. Un moine à genoux lui baise les pieds.

Hauteur, 0, 42. Largeur, 0. 21. — Toile.

SEYGHERS.

108 — Une Halte de Cavaliers.

Hauteur, 0, 57. Largeur. 0, 80. — Toile.

STREECK.

109 — Tableau de Fruits.

Hauteur. 0, 36. Largeur. 0, 48. — Bois.

Cet ouvrage est signé J.-V. Streeck.

SWANEVELT.

110 — Paysage montagneux baigné par une rivière. Sur le premier plan, des Voyageurs sur une route.

Forme ronde. Diamètre, 0, 30. — Toile.

TENIERS (DAVID).

111 — Tentation de Saint Antoine.

Hauteur, 0. 54. Largeur, 0,48. — Toile.

112 — L'Intérieur d'une Grotte. Sur le devant, deux Paysans, dont l'un boit à une source. Au fond, on aperçoit le Paysage.

    Hauteur, 0, 17. — Largeur, 0, 23. — Bois.

113 — Un Ermite dans une grotte. Sur la droite, un Paysage.

    Hauteur, 0, 24. Largeur, 0, 34. — Bois.

114 — Intérieur d'un Corps-de-garde.

    Hauteur, 0, 40. Largeur, 0, 47. — Bois.

Cet ouvrage, très fini, est signé D. Teniers.

TENIERS (D'après).

115 — Un Intérieur. Sur le devant, des Paysans jouent aux cartes.

    Copie du tableau du Musée portant le n° 762.

    Hauteur, 0, 63. Largeur, 0, 52. — Bois.

TENIERS (Genre de).

116 — Un Buveur.

    Hauteur, 0, 26. Largeur, 0, 20. — Bois.

117 — Une Fileuse.

    Hauteur, 0, 23. Largeur, 0, 17. — Bois.

TILBORG.

118 — L'Atelier d'un Armurier. — Un seigneur regarde des armes que l'armurier lui présente. Dans le fond on aperçoit une forge.

    Hauteur, 0, 64. Largeur, 0, 79. — Toile.

TITIEN (D'après le).

119 — Vénus couchée.

Hauteur, 0, 49. Largeur, 0, 27. — Bois.

120 — Tête de jeune Fille dans la manière de Greuze.

Hauteur, 0, 18. Largeur, 0, 15. — Bois.

121. — Une Bacchante.

Hauteur, 0, 57. Largeur, 0, 46. — Toile.

VATTEAU.

122 — Une Arlequinade. — Ce tableau, dans la première manière de Vatteau, est très fin d'exécution.

Hauteur, 1, 11. Largeur, 1, 32. — Toile.

WEENIX (Genre de).

123 — Nature morte.

Hauteur, 0, 29. Largeur, 0, 44. — Bois.

124 — Même sujet

Hauteur, 0, 29. Largeur, 0, 41. — Bois.

Ces deux Tableaux forment pendants.

WOUVERMANS (Genre de).

125 — Paysage montagneux. — L'Attaque d'un Convoi.

Hauteur, 0, 65. Largeur, 0, 78. — Toile.

GRAVURES.

BENOIST.

126 — Portrait de Aved, peintre.

127 — Alexandre visitant la famille de Darius, etc., et quatre grandes Batailles, d'après Lebrun.

Magnifiques gravures parfaitement conservées avec les encadrements.

DIVERS.

128 — Quelques autres Gravures d'après les bons Maîtres.

SECONDE PARTIE.

MEUBLES, PORCELAINES, OBJETS DIVERS.
MEUBLES ET BOIS SCULPTÉS.

1 — Une belle Commode en marqueterie de bois quadrillée, époque Louis XVI, frise à rinceaux, boutons en forme de pommes de pins et riche d'autres ornements en bronze ciselé et doré.

2 — Une Table carrée en bois sculpté, riche d'ornements, époque Louis XIII.

3 — Une Console en bois sculpté, frise et fond ornés de figurines en bas-reliefs, enrichie d'incrustations en marbre de rapport. Tablette en marbre Portor.

4 — Un grand Meuble, à hauteur d'appui, en bois sculpté, à deux vantaux et à tiroirs, à mascarons, têtes de lions, cariatides, etc., époque Louis XIII.

5 — Un très grand et beau Dressoir, à portes pleines : au centre sujet mythologique, sculpté, en bas-relief d'une belle exécution.

6 — Un Meuble en bois sculpté, haut et bas, à colonnettes, fronton et portes pleines, enrichi de mascarons et niches contenant des figures en ronde-bosse, et orné d'incrustations en marbre ; travail italien du XVI° siècle.

7 — Un très joli Prie-Dieu en bois sculpté, le bas riche d'ornements en relief, le haut formant rétable, à colonnes torses entourées de ceps de vigne, et à niches enrichies de figures de saints.

8 — Un Meuble à hauteur d'appui en bois sculpté, à un vantail, à tiroirs, à ornements réguliers, mascarons têtes de lion et montants à guirlandes de fleurs.

9 — Deux Dressoirs en bois sculpté, à deux tablettes, les montants ornés de figurines en relief.

10 — Un Écran en bois richement sculpté et orné d'une ancienne Tapisserie au petit-point, et représentant Alexandre visitant la famille de Darius.

11 — Deux grands Fauteuils à bras, en bois richement sculpté, à blason et balustres, recouverts de velours de laine violet. — Pourront être vendus séparément.

12 — Un autre Fauteuil à bras, en bois sculpté, à dossier carré renversé, à fleurs et oiseaux en relief, recouvert de velours de laine grenat.

13 — Un Fauteuil à bras, en bois sculpté, dossier percé à jour, à ornements, foncé d'une tapisserie fond blanc et ornements rouges.

14 — Douze Chaises en bois sculpté, à dossier flamand, recouvertes d'anciennes soieries fond rouge et dessin blanc.

15 — Deux Tableaux sculptés en ronde-bosse, travail très curieux du XVI° siècle, représentant, l'un le Jugement de saint Étienne et l'autre son Martyre. Ces deux objets, curieux sous tous les rapports, sont bordurés d'ornements à rinceaux et fleurs.

16 Une Table carrée en bois sculpté, à quatre pieds et à X, ornements rocaille.

17 — Une autre Table carrée en bois sculpté, frise à rinceaux et pieds à colonnes torses.

18 — Une Table ovale, sur pieds à colonnes torses.

19 — Une grande Armoire à deux vantaux, en bois sculpté, montants à cariatides de femme, frise à rinceaux et les portes enrichies de grandes croix de Malte, à moulures et à sculptures.

20 — Deux Dressoirs en bois sculpté, à frise et mascarons.

21 — Un très joli Coffre en bois sculpté, forme carrée, à ornements en ogive et à fleurons, ayant sa belle serrure du temps. — Provient du château des papes, à Avignon.

22 — Un très grand Meuble en bois sculpté, à quatre vantaux hauts et bas superposés, riche d'ornements et mascarons têtes de vieillards.
23 — Un petit Lustre flamand en bois sculpté, à six lumières.
24 — Un Groupe en bois sculpté : Sainte Vierge et Enfant Jésus.
25 — Deux Vases en bois sculpté, à arabesques et modillons, style de Boule.
26 — Une Cheminée en bois sculpté, frise à ornements réguliers, supportée par des figures d'anges.
27 — Un Canapé Divan en bois sculpté, à moulures, époque Louis XV, recouvert d'étoffe de soie ancienne bleu-clair et à rubans, garni de trois grands coussins.
28 — Quatre Fauteuils et six Chaises en bois sculpté, époque Louis XV, recouverts d'anciennes soieries fond blanc et fleurs brochées de couleurs.
29 — Un Mobilier, composé de six Chaises et deux Fauteuils, à médaillons, en bois richement sculpté, et réchampi de blanc, recouverts de beau lampas, alterné blanc et rouge et orné de fleurs.
30 — Quatre Fauteuils Louis XVI, à médaillons en bois sculpté, recouverts de lampas fond rouge et dessins chinois.

31 — Quatre petites Chaises à médaillons en bois, à moulures, époque Louis XVI, recouvertes d'anciennes soieries fond rouge, rehaussées de figures et ornements en blanc.

32 — Un très grand Canapé en bois sculpté, forme et ornements Louis XV, recouvert de velours grenat capitonné.

33 — Un très grand Fauteuil, même modèle et même velours que le Canapé.

34 — Un Paravent à quatre feuilles, recouvert d'anciennes soieries, à médaillons représentant des sujets chinois.

35 — Deux grandes Commodes-Consoles, forme contournée, en bois satiné, garnies d'ornements en bronze rocaille, Tablettes en marbre brèche; pourront être divisées.

36 — Une Console en acajou à deux Tablettes, époque Louis XVI, à frise et galeries en bronze, Tablettes en marbre blanc.

37 — Une très grande Console, en demi-cercle, en bois sculpté réchampi de blanc et doré, supportée par des Cornes d'abondance terminées en mascarons à têtes de lion.

38 — Une petite Console en bois sculpté et doré, époque Louis XV, Tablette en marbre rouge de Flandre.

39 — Un très grand Meuble en marqueterie de bois, époque Louis XIII : le bas formant bureau à X, et le haut en retraite formant armoire à deux vantaux, forme architecturale, surmonté d'une couronne de duc.

BRONZES.

40 — Un Lustre d'Église en bronze, à dix-huit lumières, à cristaux de Bohême et pyramides, d'une belle forme, à Console.

41 — Deux Bras de Cheminée, bronze et cristaux. Même époque que le Lustre.

42 — Deux Bras de Cheminée, à deux lumières, en bronze doré, époque Louis XVI.

43 — Deux Paires de Bras en bronze, à deux lumières, branches d'olivier liées par des rubans.

44 — Un Régulateur en bois noir, époque Louis XV, richement garni d'ornements en bronze ciselé.

45 — Une Pendule de Boule et sa Console, forme cintrée, richement garnie de bronze.

46 — Une autre Pendule de Boule (grand modèle), et sa Console, forme droite, surmontée du *Temps*, et riche d'autres ornements en bronze.

47 — Une petite Pendule, époque Louis XV, en bronze rocaille doré, Éléphant supportant le

mouvement, lequel est couronné d'un petit Mandarin.

48 — Une Paire de Flambeaux en bronze rocaille gravé et doré.

49 — Deux Candélabres à trois lumières, figurines de femme supportant des cornets et posées sur des Socles en marbre blanc, bronze doré en partie; époque Louis XVI.

49 (bis) — Une Statuette en bronze : la Vierge et l'Enfant Jésus. Travail allemand du XV° siècle.

50 — Deux Figures en bronze: Minerve et Vénus, travail italien, fin du XVI° siècle.

51 — Deux autres Figures en bronze: Cérès et Bacchus jeune, sur socle carré en marbre blanc.

51 (bis) — Deux Chenets rocaille surmontés de figures, le tout en bronze verni.

GLACES

52 — Une grande Glace carrée, surmontée d'un fronton, richement garnie d'ornements en bronze repoussé, époque Louis XIII.

53 — Une autre Glace forme carrée, cadre et fronton en glace, enrichie d'ornements repoussés en bronze, époque Louis XIII.

54. — Un Miroir forme octogone, cadre et fronton à ornements repoussés en bronze. Même époque.

55. — Une petite Glace carrée à biseau, à cadre et fronton richement sculptés, à ornements et guirlandes en bois parfaitement doré. — Epoque Louis XIII.

TAPISSERIES ET SOIERIES.

56. — Un Tapis de Beauvais, sujet aquatique, avec couronnement, baldaquin et guirlandes de fleurs.

57 — Deux Portières en même tapisserie, sujet : Faisans, surmontées de même de baldaquins et fleurs.

58. — Un grand Tapis provenant d'une tapisserie, époque de Henri II, sujet de chasse.

59 — Un grand Tapis de table en velours grenat, avec ornements appliqués, blason d'un cardinal et portant la date de 1596.

60 — Quatre Rideaux en étoffe de soie à arabesques posées et chenillées.

60 (bis). — Deux grands Rideaux en damas de soie rouge ancien de quatre mètres environ de hauteur.

60 (ter). — Deux Rideaux de soie ancienne.

MARBRES ET TERRE CUITE.

61 — Un Buste en marbre blanc, grandeur nature, du cardinal de Granvelle, vice-roi de Naples, ministre de Charles-Quint. Sort de l'abbaye de Tournay.

62 — Une Statuette en marbre blanc : Amour tirant de l'arc, ayant une guirlande de fleurs en bandoulière.

63 — Une Statuette en marbre blanc : Jeune Romain tenant une patère.

64 — Deux Bas-Reliefs en marbre blanc : Groupes d'Amours; cadres à moulures en marbre Portor.

65 — Un Groupe en terre cuite : Faunes ; signé : Clodion.

VERRERIES.

66 — Deux grands Vases en verre de Bohême taillé, sur piédouche.

67 Un autre Vase plus petit, même nature.

68 — Deux Plateaux ronds, verre de Bohême gravé.

69 — Deux grands Verres de Bohême sur piédouche à nœuds, gravés ; sujets originaux et à devise.

70 — Deux Verres de Bohême à pied, gravés, dont un à couvercle.

71 — Deux autres jolis Verres de Bohême sur pieds à filigranes coloriés, à couvercles et richement gravés.

72 — Un Vase forme théière à anses et goulot, et un petit Vase forme œillière, le tout en verre très léger et à ornements.

73 — Un Gobelet en verre de Venise, taille diamant, bord à filets blancs et anses émail bleu.

74 — Un Pot à Eau, sa Cuvette et son Gobelet, en verre de Bohême taillé.

75 — Une grande et belle Boule en verre de Bohême taillé, provenant d'un lustre.

76 — Une très grande et belle Aiguière en verre, forme élégante, gravée ; sujet : Erato attendrissant les Lions. Signé Holfeldt. 1800.

77 — Environ trente-six Verres à boire de Bohême, très fins ; seront vendus séparément.

ARMES.

78 — Un Fusil circassien, canon Damas.
79 — Une Carabine à rouet, bois sculpté.

80 — Deux Pistolets à silex et à trois charges, platines gravées.

81 — Deux Pistolets à silex, platine, sous-garde, etc., émaillées, gravées et dorées.

82 — Un joli Pistolet circassien, bois recouvert de peau chagrinée, capucines et garnitures en argent, canon et batterie en Damas damasquiné or.

83 — Un autre petit Pistolet circassien, capucines et garnitures en argent niellé, canon Damas, culasse damasquinée or.

84 — Un Yatagan, poignée en ivoire, garni d'argent filigrané et orné de pierreries.

85 — Un Couteau de chasse, poignée en ivoire, garni ainsi que le fourreau, en argent repoussé. — Une Lame de sabre à poignée de bois.

86 — Une Pipe et un Briquet circassiens.

86 bis. — Un beau Casque à visière, forme élégante, gravé et doré.

PORCELAINES

de Chine et du Japon.

87 — Trois grandes et belles Potiches en porcelaine du Japon, bleu, rouge et or, forme octogone.

88 — Une grande Potiche et deux Cornets, porcelaine du Japon, fond laqué.

89 — Une Garniture de cinq pièces : trois Potiches et deux Cornets, en porcelaine du Japon.

90 — Une autre Garniture de cinq pièces, porcelaine du Japon : trois Potiches et deux Cornets.

91 — Deux Vases forme balustre en porcelaine du Japon, montés en bronze.

92 — Deux autres Vases porcelaine du Japon, à goulots allongés, montés à anses en bronze.

93 — Deux Vases porcelaine du Japon, fond blanc et bleu ; l'un forme gourde et l'autre bouteille à anses.

94 — Deux petits Vases forme carrée, porcelaine de Chine en mandarin.

95 — Deux Vases en porcelaine de Chine, forme carrée, riches d'ornements, émaillés en couleurs variées et montés en bronze.

96 — Deux Vases et un Cornet en porcelaine de Chine émaillée.

97 — Une Garniture de cinq pièces en porcelaine du Japon, bleue, rouge et or, belle forme.

98 — Deux Vases forme basse, porcelaine du Japon, bleue, rouge et or.

99 — Une Fontaine forme carrée, belle porcelaine du Japon, bleue, rouge et or, robinet en argent.

100 — Trois petits Vases forme balustre, fond blanc, ornements rouges et or.

101 — Un Sucrier et trois grandes Tasses à chocolat, en porcelaine du Japon, bleue, rouge et or.

102 — Trois Tasses en porcelaine, ancien craquelé.

103 — Environ vingt-trois Plats en porcelaine de Chine et du Japon, de belle grandeur, et qui seront vendus séparément.

104 — Trois Compotiers, belle porcelaine du Japon.

105 — Un lot de Porcelaine de Chine fond blanc, à guirlandes rouges, rehaussées d'or, composé de trente-trois Assiettes, une Soupière et trois Saladiers.

106 — Trois Tasses en même porcelaine, dont une grande à anses et couvercle.

107 — Environ vingt-sept Assiettes de Chine, qui seront vendues par lots.

PORCELAINES

de Saxe, de Sèvres et de Chantilly, etc.

108 — Douze Assiettes de Saxe, bords verts quadrillés, médaillons, amours et guirlandes de fleurs, camaïeux rouges.

109 Trente-deux Assiettes, dessins divers, porcelaine de Sèvres, pâte dure, qui seront vendues par douzaine.

110 — Quinze Assiettes, Saxe et autres, bords gaufrés et à fleurs émaillées.

111 — Seize Assiettes et deux Plats, fond blanc et dessins chinois.

112 — Un Saladier porcelaine de Saxe, fond jaune et médaillons à fleurs.

113 — Quatre-vingt-une Assiettes, deux Compotiers et un Saladier en porcelaine de Chantilly. — Pourra être divisé.

114 — Un Plateau et Couvercle, bords à coquillages, porcelaine anglaise. Monture en bronze.

FAÏENCES ET TERRES CUITES VERNIES.

115 — Un grand Vase ancienne faïence, fond blanc et fleurs, formant fontaine.

116 — Deux grandes Jardinières à anses serpents, en terre cuite vernie, fond bleu de Perse, tacheté de blanc.

117 — Un joli Vase, Pot à Eau et sa Cuvette, en terre cuite vernie, fond bleu de Perse, tacheté de blanc.

118 — Un Pot à Eau et Cuvette, ancienne faïence de Delft, imitation de porcelaine du Japon.

119 — Deux grandes Coquilles, ancienne faïence, fond blanc et fleurs.

120 — Deux Vases en faïence de Nevers, fond blanc et sujet champêtre ; couvercles ornés de figurines de Nègres.

121 — Un Encrier et deux Jardinières en ancienne faïence, fond blanc et rubans variés de couleur.

122 — Deux Soupières et leurs Plats, modèle rocaille, ancienne faïence.

123 — Une petite Fontaine : Bacchus monté sur un tonneau, aux quatre coins duquel se trouvent des lions accroupis ; ancienne faïence de Rouen.

124 — Deux Compotiers carrés, ancienne faïence, fond bleu de Perse et fleurs, genre céladon.

125 — Un Plateau et deux Corbeilles, ancienne faïence, travaillés à jour et vernis de belles couleurs rouges, etc.

126 — Deux Plateaux ronds, fond céladon, et une Saucière, genre Japon; le tout en faïence ancienne.

127 — Une Saucière forme rocaille, et deux Plateaux feuilles de choux, ancienne faïence.

128 — Un joli Vase, terre cuite vernie, fond bleu de roi et dessins blancs. Travail persan.

129 — Deux Cruches, formes diverses, terre cuite vernie, fond brun, dessins en relief, émaillées de belles couleurs variées. Travail allemand du XVI° siècle.

130 — Un Vase forme carrée, à dessins chinois en relief, en terre de beau carreau.

131 — Vingt-et-un grands Plats et Coupes, formes diverses, en ancienne faïence de Rouen, de Nevers et de Perse. — Ce lot sera détaillé.

132 — Quatorze Coupes, Assiettes et Plats en ancienne faïence italienne du XVI° siècle, de Faënza, d'Urbino, de Pesaro, parmi lesquels plusieurs ornés de beaux sujets peints et de couleurs métalliques. — Ce lot sera divisé.

132 — Un Vase en terre cuite vernie, à anses et goulot ; ornements divers en relief.

133 (*bis*) — Une Écuelle et neuf Assiettes, ancienne faïence de Rouen.

OBJETS DIVERS.

134 — Deux grandes et belles Figures en porcelaine d'ancien Saxe : Minerve et autre ; socle rocaille en bronze.

135 — Un très grand et beau Groupe composé de nombre de figures, sujets de chasse, en biscuit de porcelaine.

136 — Un Groupe en porcelaine, biscuit émaillé blanc : Bacchus monté sur un tonneau.

137 — Un Groupe en ivoire sculpté ; travail du XVIe siècle : Sainte Vierge et l'Enfant Jésus.

138 — Une Madone richement drapée, en bois sculpté, montée sur la boule du monde et écrasant le serpent tentateur.

139 — Deux autres Figurines de Saintes, en bois sculpté, sur socles rocaille dorés.

140 — Une magnifique Boîte de tric-trac et échiquier, en marqueterie très fine ; travail vénitien, genre du Bengale.

141 — Deux Feux en fer Louis XIII.

142 — Deux grandes Croisées en bois sculpté, ornées de douze vitraux suisses anciens, dont huit à figures et quatre à blasons. Le haut des Croisées orné de médaillons; peintures sur verre modernes.

143 — Deux Consoles en bois sculpté, soutenues par des figures de femmes, en ronde-bosse.

144 — Deux autres Consoles en bois sculpté, à ornements, coquilles et rinceaux.

145 — Un très grand Plateau rond en laque burgautée.

146 — Une grande et belle Fontaine, un Bol, quatre Tasses et leurs Soucoupes, en beau bronze du Tonkin.

147 — Un Sucrier et six Tasses en figuier laqué.

148 — Un Vase en marbre garni de bronze, époque Louis XVI.

149 — Un Médaillon rond, porcelaine tendre, fond blanc, camaïeu rouge; sujet: Laveuses au bord d'une rivière; finement peint, cadre sculpté et doré.

150 — Un joli Groupe en bois sculpté, peint et doré, Sainte Vierge portant l'Enfant Jésus. Travail très fin du XVe siècle.

151 — Une Tabatière forme contournée, ancien émail de Saxe.

152 — Un Pot-à-Eau et sa Cuvette, émail de Chine.

153 — Deux Médaillons sur porcelaine. La Tentation. Finement peints.

154 — Un Biscuit de porcelaine-Jupiter.

155 — Deux Statuettes en terre cuite. Sujets de sainteté.

156 — Deux Vases en étain.

157 — Dix-huit Couteaux lames en argent, manches de porcelaine gauffrée.

158 Six Couteaux à beurre, métal argenté.

159 Deux Flambeaux en verre de Bohême doré.

160 Mouchettes et Porte-Mouchettes en bronze. Les Mouchettes seules dorées. Epoque Louis XIII.

161 Une Chimère, sur socle de marbre blanc. Travail du 16e siècle.

162 — Une Bague en or montée d'une agate d'Orient figurée, représentant une tête de femme.

163 — Une Montre ancienne à répétition et à toc, boîte à jour et boîte d'enveloppe en cuivre.

Paris. — Imp. de Madame de Lacombe, rue d'Enghien, 14.

www.ingramcontent.com/pod-product-compliance
Lightning Source LLC
Chambersburg PA
CBHW030100230526
45471CB00003B/1188